AF284569

Buch schreiben lernen

Schritt für Schritt von der Buch-
idee bis zur Veröffentlichung

- Autor werden leicht gemacht -

Miriam Hofmann

INHALT

Das erwartet Sie in diesem Buch

Es ist eine allgemein anerkannte Wahrheit, dass ein Autor im Besitz von etwas Zeit und einer Idee nichts dringender braucht als Motivation. Nun, wenn Sie mir die Anpassung dieses Jane-Austen-Zitats an die gegebenen Umstände verzeihen, möchte ich Ihnen meinen Gedanken erläutern:

Sie können sowohl eine bahnbrechende Idee als auch alle Zeit der Welt haben – nur nützt das wenig, wenn es an der Motivation mangelt. Ist

auch diese vorhanden, könnten jedoch Fragen auf-
tauchen, die besonders neue Autoren ein wenig
überfordern.

Dieser Ratgeber soll das nötige Licht ins Dun-
kel bringen, damit auch Sie als ein fachfremder
Autor verstehen, was es bedeutet, ein Buch zu
schreiben und zu veröffentlichen. Wobei gesagt
werden muss, dass ein Manuskript auch fertig
werden kann, ohne dabei mit dem Gedanken an
eine Veröffentlichung zu spielen. Klingt merkwür-
dig, nicht wahr?

Aber das ist es, was der ganzen Sache eine
Menge Druck nehmen kann. In erster Linie geht
es beim Schreiben nämlich um Ihre Idee; darum,
Ihre Idee zu Papier zu bringen und zu sehen, wo-
hin sie führt. Ob Sie diese Idee mit der Welt teilen
wollen, dieser Schritt bleibt letztlich Ihnen über-
lassen.

Verstehen Sie mich nicht falsch – es bedarf
stets neuer Geschichten und Diversität, sogar auf
dem Buchmarkt, aber mit diesem Ratgeber hoffe
ich, Ihnen einen neuen Blickwinkel auf die große,
weite Verlagswelt geben zu können. Einen, der Sie

dazu ermutigt, Ihre Geschichte zu schreiben in dem Wissen, dass sie zuerst einmal nur geschrieben werden muss.

Angenommen, Sie nehmen all Ihren Mut zusammen und entscheiden sich dafür, den Sprung zu wagen und einen Verlag zu kontaktieren. Das mit der Motivation sieht gleich ganz anders aus, wenn man versteht, was passiert: Was passiert mit dem Manuskript, nachdem Sie es eingeschickt haben? Braucht der Verlag das ganze Manuskript oder nur einen Teil? Und dann, welchen? Bekommen Sie es danach zurück oder nicht?

Und wenn Sie einen Verlag gefunden haben, in dessen Programm Ihre Geschichte passt, was kommt danach? Welche Schritte durchläuft sie, bis Ihre Schöpfung ein Cover hat und in den Regalen der Buchhandlung Ihrer Wahl steht? Welche Formen der Veröffentlichung gibt es neben dem „klassischen" Weg noch?

Welche Rolle spielen Sie als Autor und inwieweit werden Sie in die Prozesse des Verlages einbezogen? Also, haben Sie gleich einen eigenen Agenten, der Sie auf die nächste Bestseller-Liste bringt? Und wie kommt ein Buch überhaupt dahin? Wie viel haben Marketing und Verkaufszahlen mit einem Bestseller zu tun, und wie viel der eigentliche Inhalt?

Eine kleine Seifenblase, die hier jetzt schon platzen kann, ist diese: Sie als Autor kann es herzlich wenig interessieren, ob einer Ihnen völlig fremden Person, die das Buch gekauft hat, dieses gefällt oder nicht.

Die Tatsache, dass sie das Buch gekauft hat, geht allem voran. Der Buchmarkt ist letztendlich auch nur ein Markt, und das bedeutet Verkaufszahlen = Auflagen. Man kann nicht darüber sprechen, ohne an dieser Stelle die Harry-Potter-Bücher als Beispiel zu erwähnen: Denken Sie nur einmal an die unzähligen Auflagen, Schmuck- oder illustrierten Ausgaben der Bücher, die der Carlsen Verlag zu seinen Standbeinen zählt.

Mit meiner Unterstützung sollen Sie Prozesse einer Welt verstehen lernen, die auch Sie immer wieder gern mit neuem Lesestoff versorgt. Sie erwartet kein 10-Punkte-Plan oder Bootcamp, um Sie zum nächsten Stephen King zu machen, sondern einfach ein Handbuch, dass Ihnen mögliche Fragen beantwortet und vielleicht auch eine Last von den Schultern nimmt, damit Sie inspiriert und motiviert arbeiten können.

Ein Buch schreiben – Nur Mut!

Der Begriff „Parakosmos" beschreibt eine imaginäre und häufig von Kindern erschaffene Welt, die charakterisiert wird durch ausgeprägte Details wie eine eigene Sprache oder Dialekte, eine Welt mit Traditionen und kulturellen Eigenschaften sowie einer eigenen Geografie.

Einer der bekanntesten Parakosmen ist J. R. R. Tolkiens Mittelerde oder C. S. Lewis' Narnia. Ein

Buch enthält eine Parallelwelt, die es dem Leser erlaubt, seiner Realität für einen Moment zu entfliehen, indem er die in dieser imaginären Parallelwelt lebenden Figuren auf ihre Abenteuer begleitet.

Selbstverständlich ist es jetzt nicht an Ihnen, mit Ihrem ersten Buch gleich so hoch anzusetzen und einen eigenen Parakosmos zu erschaffen, denn selbst Tolkien brauchte dafür etwas länger. Wir können klein anfangen. Es geht lediglich um Folgendes, das Sie im Gedächtnis behalten müssen, wenn Sie sich von der Rolle des Lesers nun in die Rolle des Autors begeben:

1. Schreiben Sie, was Sie selbst auch lesen würden. Ein Buch zu schreiben, heißt nicht, dass Sie Ihre Erfahrungen als Leser völlig außer Acht lassen sollten. Es geht nicht darum, was gerade im Trend ist und was Sie *denken*, das jemand anderes lesen würde. Der erste Leser dieser Geschichte sind Sie, deshalb müssen Sie dafür sorgen, dass es auch für Sie interessant bleibt.

2. Wählen Sie ein Genre. Wann spielt Ihre Geschichte? In der heutigen Zeit oder in der Vergangenheit? Gibt es Fantasy-Elemente oder werden Ihre Figuren von alltäglichen Problemen geplagt? Basiert Ihre Geschichte auf wahren Begebenheiten und kommen darin Personen aus der Zeitgeschichte vor?

3. Recherchieren Sie. Egal, für welches Genre Sie sich letztendlich entscheiden – wichtig ist, dass Sie das Hauptthema Ihres Buches ausgiebig recherchieren. Dabei ist nicht nur von historischen Romanen die Rede, sondern auch von Darstellungen von Kulturen, die Ihnen selbst möglicherweise fremd sind. Informieren Sie sich darüber, wie mögliche Klischees entstanden sind und ob sie der Wahrheit entsprechen oder möglicherweise negativ behaftet sind.

Man kann als Autor nicht alles richtig machen, aber man hat die Möglichkeit, sich nach besten Kräften zu bemühen. Ein Buch ist immer ein Kind seiner Zeit; das bedeutet, dass für Inhalte früher andere Maßstäbe galten als heute. Ich sage das nicht aus Gründen politischer Korrektheit, sondern um zu betonen, dass heute Informationen leichter zugänglich sind und man eine größere Auswahl an Texten, Büchern und Quellen hat. Warum sollte man das also nicht für seine eigenen Zwecke nutzen?

4. Fragen Sie in die Runde. Es ist noch kein Meister vom Himmel gefallen, wie es so schön heißt. Es kann hilfreich sein, jemanden, dem Sie vertrauen, nach seiner Meinung zu fragen. Aber nicht einfach so: Spezifizieren Sie, was Sie gern wissen würden. In etwa: „Denkst du, die Reaktion von [Protagonist A] ist in dieser Situation realistisch?", oder „Ich hänge bei dieser Szene ein bisschen fest – du kennst dich doch damit aus, was meinst du, könnte ich da verbessern?" Stellen Sie sicher, dass Sie diese Rückmeldung entsprechend eingegrenzt haben, denn eine Verallgemeinerung hilft dem Prozess nicht.

Seien Sie auch offen für konstruktive Kritik. Dass diese offen ausgesprochen wird, ist oft auch ein Zeichen des Vertrauens! Rückmeldungen sollten auf jeden Fall den Prozess unterstützen und Sie nicht davon abhalten, an der Aufgabe zu wachsen.

5. Schreiben Sie alles auf. Und damit meine ich *alles*. Tragen Sie zum Beispiel ein kleines Notizbuch bei sich, denn es kann sein, dass Sie ganz zufällig eine Idee für Ihre Geschichte haben oder sich einfach eine Rückmeldung für später merken wollen. Sie können nie wissen, wann Sie diese Notiz gebrauchen könnten, aber dann ist es gut, wenn sie da ist.

Das Wichtigste am Schreibprozess jedoch ist, dass er Ihnen Freude macht. Es wird Tage und Momente geben, an denen Sie am liebsten die Hände über dem Kopf zusammenschlagen würden, das will ich nicht leugnen – aber seien Sie dann gnädig mit sich selbst. Leider ist es so, dass einen die Muse nicht immer küsst, aber auch dann werden Sie schreiben müssen.

Neben Motivation, Inspiration und Zeit braucht es nämlich noch ein weiteres Element: Routine. Jeden Tag eine Seite oder jeden Tag eine halbe Seite, bis Sie sich wieder mehr zutrauen können. Schreiben sollte ein Bestandteil Ihres Tages werden, wenn Ihr Ziel ein fertiges Buch ist.

Im besten Fall werden Sie an Ihrem fertigen Werk die schlechten von den guten Tagen nicht unterscheiden können, und wenn Sie sich doch einmal fragen, was in aller Welt Sie denn da fabriziert haben, gibt es auch dafür eine Lösung:

Rufen Sie sich in Erinnerung, wie oft Sie Ihren eigenen Text gelesen, gelöscht, geschoben und geändert haben. Diesen Text vor Ihnen kennen Ihre Augen und Ihr Kopf gut genug, um betriebsblind zu werden. Ein potenzieller Leser weiß davon nichts und kann sich sozusagen einen ersten, frischen Eindruck machen.

Um sich ganz auf Ihre Geschichte konzentrieren zu können, eignet es sich, an nicht zu vielen Projekten gleichzeitig zu arbeiten. Vielleicht sind Sie jemand, der mehrere Ideen hat und dafür genauso viele Pinterest-Boards, aber wie hilfreich diese für die Inspiration auch sein mögen – sich ein Bild auf einem Board zu merken ersetzt nicht das tatsächliche, aktive Schreiben. Deshalb:

1. Ein Plot / ein Thema. Was ist das Hauptthema Ihres Buches? Welchen Typ von Leser möchten Sie ansprechen und was ist die Kernaussage?

2. Darstellung /Präsentation. Wie präsentieren Sie den Inhalt? Folgt der Leser einer Figur, die ein ähnliches Problem hat und das sie dann am Ende gemeinsam gelöst haben? Oder bleiben Sie sachlich und erläutern das Problem und schlagen Sie Lösungswege vor? Ist es vielleicht sogar ein Kinderbuch?

3. Wissensstand. Das gilt besonders für Sachbücher /Ratgeber – eignet sich Ihr Buch für das kleine Einmaleins eines Themenbereichs oder sollten Fortgeschrittene angesprochen werden? Oder Sie stellen sich folgende Frage: Was steht in Ihrem Buch, was man nicht einfach über das Eingeben in eine Suchleiste online selbst herausfinden kann?

So oder so ist es wichtig, dass Sie sich vor Augen führen, was Ihre Idee ausmacht. Während des Schreibens kann es durchaus vorkommen, dass es zu wenig oder zu viel von Ihrer Idee auf das Papier schafft. Notieren Sie sich vorher, was auf jeden Fall Teil der Geschichte werden soll, welche Szene unersetzlich ist.

Legen Sie sich eine Art Info-Datenbank – egal, ob digital oder handgeschrieben – zu Ihren Protagonisten an: Aussehen, Größe, Hobbys, wichtige Merkmale wie Narben oder Piercings oder vielleicht sogar chronische Krankheiten/ Behinderungen, die diese Protagonisten im Alltag begleiten.

Im Laufe der Arbeit werden diese Figuren Ihnen mehr über sich erzählen und auch das sollten Sie aufschreiben, selbst wenn sie fiktiv sind. Protagonisten werden Sie begleiten, bis Ihre Geschichte erzählt wurde.

Es kann sein, dass Sie sich einmal bei dem Gedanken erwischen, wie eine bestimmte Figur wohl Ihren Kaffee mag oder was ihr Lieblingsessen ist. Das ist der Alltag eines Autors und Sie werden über Ihre Figuren reden, als wären es echte Menschen, denn für Sie werden sie es sein. Sorgen Sie nach besten Kräften dafür, dass Ihr Buch heraussticht. Natürlich können Sie die Wirkung nicht von vornherein abschätzen, aber das ist damit auch nicht gemeint. Damit ist gemeint, dass „Das kann man doch googeln!" den Wert Ihrer Arbeit mindert und Ihnen einen Dämpfer versetzen könnte. Und weil das weder Ihnen noch diesem Ratgeber hilft, erinnern Sie sich, warum Sie angefangen haben.

Nehmen Sie dem Gedanken, ein Buch zu schreiben, Schritt für Schritt die Größe und sich selbst dabei nicht die Luft aus den Segeln. Das ist nicht der Kampf von David gegen Goliath, den man häufig daraus macht. Klar: Es dauert, erfordert Arbeit und Zeit und Nerven, weil es nicht sofort fertig ist (wofür man heutzutage wirklich einen langen Geduldsfaden braucht), aber das ist es wert. Andernfalls wären Sie nicht hier und würden das hier nicht lesen, habe ich recht?

Selbst, wenn Ihre größte Angst ist, dass Ihr Manuskript abgelehnt werden könnte – und das wird es mehr als einmal – werden Sie sich die nötige Zeit nehmen, um sich von diesem Rückschlag zu erholen und danach versuchen Sie es noch einmal, denn welche andere Wahl haben Sie, wenn

Sie dieses Ziel eines veröffentlichten Buches erreichen möchten? Auch die Manuskripte Ihrer Lieblingsautoren wurden einmal abgelehnt und die besagten Verlage bereuen das heute noch.

Die Ablehnung eines Manuskripts kann sich anfühlen, als würde man persönlich abgelehnt, weil man eben so viel Arbeit investiert hat, aber das ist es nicht. Schließlich kennen der Verlag oder seine Mitarbeiter Sie noch nicht persönlich und umgekehrt. Wie viel an persönlicher Ablehnung kann also dahinterstecken? Deshalb nur Mut! Trauen Sie sich an Ihr eigenes Buch, denn der Gedanke wird Sie, einmal gefasst, nicht loslassen und irgendwann gehen Ihnen auch die Ausreden aus, es nicht zu versuchen.

Das fertige Manuskript muss nicht perfekt sein

Ja, das ist die Überschrift, und nein, das ist keine aus der Luft gegriffene Aussage. Ein fertiges Manuskript kommt aus gutem Grund nicht gleich in die Buchhandlung! Sie beginnen immerhin mit einer Idee, die Sie strukturieren, und setzen sich nicht in erster Linie an das Cover; Sie strukturieren den Text, damit er Ihrer Idee entspricht, Sie streichen Stellen oder fügen welche hinzu, bis alles passt. Mit einem Manuskript ist sozusagen der Grundstein für die weitere Arbeit gelegt und dieser Grundstein ist nicht zu unterschätzen, wenn man bedenkt, dass man auch an der Fertigstellung scheitern kann. Dieser Teil ist – meiner Meinung nach – der, in dem Sie sich immer wieder regelrecht durchbeißen müssen.

Warten Sie mit dem Lektorat Ihres Manuskripts, bis Sie es fertig geschrieben haben. Gehen Sie einen Schritt nach dem anderen, auch wenn die Versuchung groß ist, gleich alles auf einmal zu machen und sozusagen zwei Fliegen mit einer Klappe zu schlagen.

Halten Sie sich damit zurück, weil das dem Prozess nicht förderlich ist. Es gibt einen Grund dafür, warum man das Lektorat, also die Korrektur des Manuskripts, häufig in erfahrenere – oder einfach andere – Hände gibt. Einen habe ich bereits genannt: Betriebsblindheit.

Sie als Autor des Textes würden nicht alle Schreib- oder Zeichensetzungsfehler erkennen können, weil Sie schon lang genug an ihm gearbeitet haben. Wie viele Korrekturdurchgänge Sie für Ihren Lektor auch gern übernehmen würden, etwas rutscht da immer durch und das ist in Ordnung!

Das Lektorat eines Manuskripts beinhaltet nicht nur das Korrigieren von Fehlern, sondern auch Änderungsvorschläge des Lektors, aber alles in Zusammenarbeit und Absprache mit dem Autor. Das Lektorat sollte Ihren Text bestenfalls nicht verfremden, sondern ihn nur ein wenig „aufpolieren", damit er sich von seiner besten Seite präsentieren kann.

Alles, was Sie tun können, um diesen nächsten Schritt zu ermöglichen, ist mit der Fertigstellung des Manuskripts bereits getan. Übrigens: Selbst bei einer Lese-Rechtschreibschwäche sollten Sie sich nicht entmutigen lassen. Bringen Sie Ihre Idee zu Papier und der Rest wird sich mit etwas Unterstützung ergeben.

Lektoren machen nämlich in etwa das, was die Cutter / die Postproduktion beim Film macht. Cutter / Postproduktion schneiden den Film zu dem Endprodukt, dass Sie im Kino sehen. Die

Rohfassung von Star Wars beispielsweise war bestimmt nicht die Legende, als die man das Endprodukt heute kennt. Ein Regisseur braucht seine Cutter und selbst der beste Autor braucht seine Lektoren. Also machen Sie sich keine Gedanken. Es reicht, „die Angst vor der ersten, leeren Seite" zu überwinden, indem man einfach anfängt, selbst wenn dieser Anfang klein ist.

Versuchen Sie Schreibübungen – sogenannte Prompts – zum Aufwärmen. Sie können beispielsweise den „National Novel Writing Month", kurz NaNoWriMo, in Erwägung ziehen und die 30 Tage im Monat November nutzen, um einen Roman von mindestens 50.000 Wörtern zu schreiben.

Das kann helfen, sich selbst eine Deadline zu setzen und anfänglichen Schwierigkeiten aus dem Weg zu gehen. Wenn am Ende die Arbeit getan ist, können Sie das Lektorat beginnen.

Nach dem Lektorat können Sie die Korrekturen in das Manuskript einpflegen – so nennt man das Einfügen der zuvor abgesprochenen Änderungen – und das geht noch einige Male hin und her, bis alles passt. Deshalb müssen Sie sich nicht sorgen, ob das Manuskript bereit für den Verlag ist. Wenn es in das Verlagsprogramm passt, hat der Verlag auch Lektoren, die sich darum kümmern. Sobald der Verlag sich Ihres Manuskriptes annimmt, geht es an den Feinschliff und das nächste Ziel ist dann die sogenannte Druckfahne.

Die Druckfahne ist das fast fertige Buch, nur noch nicht gebunden. Darauf wird noch ein weiterer prüfender Blick geworfen, weil die Druckfahne zeigt, ob der Text da ist, wo er sein sollte, und sich beim Drucken nichts verschoben hat. Der Verlag bedenkt demnach auch die sogenannten Paratexte für Ihr Buch.

Paratexte nennt man alles andere, was zum Buch gehört, dass nicht der von Ihnen verfasste Haupttext ist: Beispielsweise die kurze Biografie des Autors mit passendem Foto, die häufig dazu dient, den Autor ins richtige Licht zu rücken und nicht unnahbar erscheinen zu lassen, in dem man beiläufig erwähnt, dass bestimmt eine volle Tasse Kaffee und das Haustier zu Hause warten, oder der Inhalt des Buches auf der Rückseite, heute häufig ersetzt durch sogenannte „Testimonials" von anderen bekannten Autoren desselben Genres, die potenziellen Lesern das Buch ans Herz legen würden. Kurz gesagt, die ansprechende und manchmal sogar medienwirksame Verpackung Ihres einst ungeschliffenen Manuskriptes.

Das Stichwort hier ist: Inszenierung. Inszenierung erklärt auch, warum zum Beispiel Influencer in sozialen Medien wie Instagram / „Bookstagram" oder Blogger Exemplare vor der Veröffentlichung eines Buches geschickt bekommen, um auf ihren Profilen mit einem Post oder einer positiven Rezension zu werben, noch bevor das Buch auf dem Markt erscheint. Wenn Sie sich ein Bookstagram-Profil genau anschauen, sehen Sie, dass die Beiträge häufig genau das suggerieren, was wir ohnehin mit Büchern verbinden: Gemütlichkeit.

Stellen Sie sich ein solches Bild vor: Vor dem Fenster regnet oder schneit es, neben dem aufgeschlagenen Buch steht eine dampfende Teetasse und es brennen ein paar Kerzen. Im Hintergrund sieht man vielleicht etwas verschwommen den Pyjama und die Lieblingskuschelsocken. So wird ein passender Eindruck geschaffen und der Wunsch geweckt, es sich mit diesem Buch gemütlich zu machen. Dabei ist das nicht die einzige Möglichkeit, für ein Buch zu werben.

Make-up-Tutorials, die von den Covern der Bücher inspiriert sind oder ganze sogenannte „Lookbooks" mit Outfits, die von den Protagonisten inspiriert sind. Mal ganz abgesehen von Cosplays, mit deren Hilfe sich Fans mittels selbst gemachter Kostüme und gekonnter Make-up-Techniken in ihre Lieblingsfiguren verwandeln – obwohl dieser Weg sich mehr für visuelle Medien wie TV-Serien oder Comics und Videospiele eignet, da sich jeder Leser eine Figur anders vorstellt und es höchstens universelle Richtlinien geben kann, was das Aussehen anbelangt.

Aber das sind alles Möglichkeiten, ein Buch in den Vordergrund zu rücken, sozusagen „die Werbetrommel" für eine anstehende Veröffentlichung zu rühren. In Zeiten des Internets ist der Zugriff auf diese Möglichkeiten auch einfacher und die Grenzen zwischen beispielsweise dem US-amerikanischen und deutschen Buchmarkt können verschwimmen. Vor allem, wenn man bedenkt, dass englischsprachige – sogenannte internationale – Ausgaben meist noch vor den deutschen Übersetzungen erscheinen. Es heißt zwar „Don't judge a book by its cover", aber ironischerweise trifft das hier nicht zu, denn das Cover ist das Erste, was einen potenziellen Käufer anspricht; schließlich steht das Buch vielleicht später im eigenen Regal.

Anders gesagt: Stellen Sie sich Ihre Lieblingsbuchreihe vor – Sie haben sehnsüchtig auf den neuesten Teil der Reihe gewartet und der Tag, an dem er endlich erscheint, ist der Tag, an dem Sie sehen ... das Cover hat ein völlig anderes Design als seine Vorgänger und das Buch ist größer oder kleiner, wenn es im Regal steht.

Wenn Sie jemand sind, den dieser Anblick nicht stört, beneide ich Sie, aber genau das kann durchaus ein Grund dafür sein, ein Buch nicht zu kaufen, weshalb es für Verlage von Vorteil ist, dafür zu sorgen, dass Buchcover ansprechend, beziehungsweise – im Fall von Reihen – einheitlich aussehen.

Wie zu Anfang erwähnt eignen sich moderne Literaturklassiker wie Harry Potter für den Carlsen Verlag oder Tolkiens Bücher für Klett Cotta sehr gut als regelmäßiges finanzielles Standbein. Als Autor kann man froh sein, wenn der Verlag sich um solche Aufgaben kümmert und man selbst all das nicht bedenken muss, nicht? Das sind alles Schritte, die Sie nicht allein gehen müssen.

Schritte, die für Sie von Profis übernommen werden, die die Branche gut kennen und Sie unterstützen, sodass alle involvierten Parteien mit der Arbeit zufrieden sein können. All diese genannten Arbeitsschritte beginnen mit einem fertigen Manuskript!

Grundsätzlich ist festzuhalten, dass es unzählige Wege gibt, die Aufmerksamkeit auf den Inhalt eines Buches zu lenken und es somit in aller Munde zu halten. Wenn man die Veröffentlichung als Ziel hat, natürlich. Der Gedanke, dass man ein Buch schreiben kann, ohne es veröffentlichen zu wollen, klingt fremd, aber es geht. Es ist immerhin Ihre Geschichte und Sie können entscheiden, wann und ob Sie sie mit der Welt teilen wollen. Sie haben niemandem etwas zu beweisen, außer vielleicht sich selbst. Sie sind und bleiben so oder so Autor dieses Werkes. Ich möchte das nur noch einmal erwähnen, weil dieser Blickwinkel beim Schreiben selten in Erwägung gezogen wird.

Außerdem gibt es neben dem klassischen Verlagsweg auch die Möglichkeit des Selfpublishing. Wie der Name bereits erahnen lässt, ist es die Veröffentlichung eines Buches auf eigene Kosten. Je nach Meinung kann es von Vorteil sein, mehr Freiheiten in der Gestaltung des Buches zu haben; oder aber es kann darin auch der Haken liegen. Alles – von den Paratexten bis zum Cover, sowie Lektorat – liegt in der Hand des Autors.

Besonders bei E-Books spart man in diesem Fall zwar die Print-Kosten, aber die Formatierung und damit die spätere Wirkung des fertigen Textes können gegebenenfalls darunter leiden, wenn man sich zu viel vorgenommen hat. Das soll aber auf keinen Fall heißen, dass Selfpublishing keine Option ist, denn es gibt Autoren, die den Sprung in den professionellen Verlag nach dem Selfpublishing geschafft haben. Damit kann man sozusagen

„den Fuß in die Tür bekommen" und dafür sorgen, dass man überhaupt auf dem Radar der Verlage erscheint.

Auch hier ist es wichtig, sich erst einmal zu informieren und für sich selbst zu entscheiden, ob Selfpublishing infrage kommt: Bedenken Sie die Gesamtkosten für Ihr Buch und ob Sie sich diesen Veröffentlichungsweg zutrauen. Bedenken Sie, ob Sie eine E-Book-Ausgabe vorziehen oder ob Sie Ihr Buch lieber als Printausgabe in der Hand halten würden, denn dann heißt die Option *Book on Demand.*

Auch hier ist der Name Programm und das Buch wird genauso oft gedruckt, wie es bestellt wird. Sagen wir also, Ihr Buch wird zwölfmal gekauft, also wird es auch „nur" zwölfmal gedruckt, um zu verhindern, dass etwas übrig bleibt und vielleicht einmal in der Makulatur landet.

Makulatur bedeutet, dass es verwertet wird. Beispielsweise Kalender, die nicht gekauft werden, landen am Ende des Jahres in der Makulatur. In etwa so, als würden Sie den Schokoladen-Weihnachtsmann aus dem Supermarkt im Frühling als

Osterhasen wiedersehen. *Book on Demand* kann man demnach als eine passende Alternative bezeichnen, da man genau abschätzen kann, wie viel man braucht. Professionelle Verlage hingegen bestellen eine größere Zahl, wenn Ihr Buch Teil des Verlagsprogramms geworden ist, und sie hoffen, dass das Marketing die Vorarbeit bereits geleistet hat. Falls auch der Verlag noch einige Bücher übrig hat, kann der Verkauf dieser noch einmal angekurbelt werden, indem man beispielsweise die Buchpreisbindung aufhebt.

Die Buchpreisbindung ist der Grund, warum sich das Kulturgut Buch nicht von Buchhandlung zu Buchhandlung unterscheidet und somit für eine breite Masse zugänglich ist.

Auch, dass Sie abschätzen können, wie viel ein Taschenbuch im Vergleich zu einem Hardcover kostet, liegt dem zugrunde. Das deutsche Buchpreisbindungsgesetz besagt auch, dass diese aufgehoben werden kann, wenn das erste Erscheinen eines Buches „länger als 18 Monate zurückliegt" oder im Fall einer kürzeren Zeitspanne, wenn „der Inhalt mit dem Erreichen eines bestimmten Datums erheblich an Wert verliert". Letzteres lässt sich unter anderem gut an Kalendern oder Kochbüchern erkennen. Als Kulturgut ist das Buch übrigens mit 7 % und nicht mit 19 % besteuert!

Wie Sie sehen, ist ein Manuskript der erste Schritt in die richtige Richtung. Wenn Sie sich für eine Veröffentlichung entschieden haben, lässt die nächste Frage auch nicht lange auf sich warten.

Was kommt danach? Ein Blick hinter die Kulissen

Ausgehend von dem derzeitigen Wissensstand können Sie sich nun in etwa vorstellen, was passiert. Wenn Sie sich für den klassischen Weg der Veröffentlichung über den Verlag entschieden haben, können Sie sich auf die Einreichung des Manuskriptes vorbereiten. Hier kann es erleichternd sein zu wissen, dass Sie nicht Ihr ganzes Manuskript einsenden müssen. Die meisten Verlage wünschen sich eine kurze Zusammenfassung der Handlung sowie ein Probekapitel. Und das Original sollte es vielleicht auch nicht sein, denn in den meisten Fällen senden die Verlage es nur mit einem frankierten Rückumschlag zurück, den Sie selbst beigefügt haben müssen.

Das Hin- und Herschicken von Manuskripten erfordert zusätzlich Zeit, die man aber gut einsparen kann. Verständlich, denn: Sie sind bestimmt nicht die einzige Person, deren Manuskript an einem Tag beim Verlag ankommt.

Sagt Ihnen der Begriff Elevator-Pitch etwas? „Elevator" heiß auf Englisch Aufzug und Pitch, wie in „Sales Pitch" bedeutet Verkaufsgespräch. Mit einem Elevator-Pitch bricht man ein Thema auf höchstens zwei Minuten herunter, aber die Erklärung sollte nicht länger dauern als eine Fahrt mit dem Aufzug.

Ein Manuskript, beziehungsweise ein Exposé und ein Probekapitel, einzusenden, können Sie sich als Elevator-Pitch Ihres Buches für den Verlag vorstellen, weil Sie nicht persönlich vorsprechen, sondern Ihre Einsendung sozusagen das Sprechen für Sie und Ihr Potenzial übernimmt.

Ist auch diese Hürde genommen und der Verlag erklärt sich bereit, Ihr Buch zu veröffentlichen, können Sie erst einmal ein wenig feiern. Das gehört auch dazu, denn eine Veröffentlichung ist eine Würdigung Ihrer Mühen, der Erfolg, auf den Sie gehofft haben. Warum also nicht gebührend feiern? Ob mit Champagner oder einem Essen im Lieblingsrestaurant – egal, Hauptsache Sie erkennen Ihre Leistungen an.

Ihr Buch wird veröffentlicht! Sie sind Autor eines Buches! In einem Verlag! Einem richtigen, echten Verlag! Und das ist es Wert, dass Sie sich selbst auf die Schulter klopfen. Schieben Sie das nicht auf, bis Sie das Buch in der Hand halten, sondern machen Sie das jetzt schon. Sich zwischendurch zu belohnen, ist erlaubt. Das wird heutzutage oft vergessen.

Danach folgt der Verlagsvertrag zwischen Ihnen und dem Verlag. Der Verlagsvertrag beinhaltet legale Rahmenbedingungen der Zusammenarbeit, wie in etwa Ihre Vergütung. Die

Vergütung des Autors wird nicht pro verkauftes Buch errechnet, sondern erst ab einer bestimmten, im dreistelligen Bereich liegenden Anzahl verkaufter Exemplare. Falls Sie hoffen, als Autor nie wieder arbeiten zu müssen, weil Ihr Buch die Einnahmequelle ersetzt, muss ich Ihnen leider sagen, dass diese Einnahmen für Sie ein wenig dünn ausfallen könnten. Das heißt nicht, dass Sie gar nichts von den Verkäufen zu sehen bekommen, nur, dass es davon abhängt, was zur Vergütung im Vertrag steht.

Außerdem sichert sich der Verlag ab, in dem er vertraglich festsetzt, dass Sie der einzige Urheber des Werkes sind und dass Sie Ihr Werk nicht parallel bei einem anderen Verlag veröffentlichen. Im Verlagsvertrag wird festgelegt, wie viele Ihrer Titel veröffentlicht werden – zum Beispiel im Fall einer Trilogie – und dass Sie als Urheber dieses Werkes angesehen werden.

Mit Ihrer Unterschrift auf dem Vertrag erlauben Sie es dem Verlag jedoch, das Werk zu drucken und zu verkaufen. Des Weiteren übertragen Sie die Nutzungsrechte am Werk, das heißt, dem

Verlag wird erlaubt, das Werk unter anderem zu übersetzen oder sogar zu verfilmen.

Der Verlag ist in der Pflicht, für sein neuestes Produkt zu werben und es in Umlauf zu bringen. Geht der Verlag dem nicht nach, haben Sie die Möglichkeit, von Ihrem Rückrufrecht Gebrauch zu machen. Wichtig ist, dass Sie sich hier nicht von Ihrer Euphorie blenden lassen und erst einmal genau durchlesen, was im Vertrag steht. Mit einem Verlagsvertrag entledigen Sie sich als Autor zwar zusätzlicher Kosten, die mit Druck und Vertrieb anfallen, aber stellen Sie sicher, dass Sie und der Verlag auf dem gleichen Stand sind.

Wenn Sie also Fragen haben und nachhaken wollen, dann tun Sie das. Zu fragen schadet in den seltensten Fällen. Ich sage das hier noch einmal, weil einen Verlagsvertrag rückgängig zu machen ein langwieriger Prozess ist.

Ein kleiner Exkurs: Der Karl Rauch Verlag ist der Originalverlag von Antoine de Saint-Exupérys *Der kleine Prinz*. Eine der bekanntesten Geschichten bis heute und für den Verlag als Aushängeschild mittlerweile Kultstatus. Im Jahr 2014 jährte sich der 70. Todestag des Autors und in den Buchhandlungen waren plötzlich wieder verschiedene Ausgaben des kleinen Prinzen zu sehen. Alles Ausgaben von anderen Verlagen.

Die Frage hier ist also: Ist das erlaubt, wenn der Karl Rauch Verlag die Rechte am Werk besitzt? Die Antwort ist Ja. Die alleinigen Rechte am Werk werden 70 Jahre nach dem Tod des Autors aufgehoben und das Werk gilt dann als gemeinfrei. Gemeinfrei bedeutet im Fall des verstorbenen Autors, dass seine Urheberpersönlichkeitsrechte nicht mehr verletzt werden können, wenn der Originalverlag diese Rechte abgeben muss.

Ein Buch zu schreiben, hört sich jetzt schon wie der einfachste Teil des ganzen Prozesses an, oder nicht? Vor allem als Erstautor ist die Befürchtung, sich in diesem unbekannten Dschungel der Verlagswelt nicht zurechtfinden zu können, groß. Die wenigsten wollen aufgrund von Unerfahrenheit benachteiligt werden. Erst recht nicht, dass man ihnen Ihre Unerfahrenheit ansieht. Wenn der Ihnen angebotene Verlagsvertrag Ihren Erwartungen entspricht, ist das ein Glücksgriff. Ohne die

Verlagsarbeit romantisieren zu wollen: Wichtig ist, dass Sie sich in diesem Verlag gut aufgehoben fühlen und bei Fragen einen Ansprechpartner haben. Die langfristige Zusammenarbeit von Verlag und Autor sollte zum Vorteil beider Seiten auf einer soliden Basis aufgebaut werden. Und wenn der Verlagsvertrag in Aussicht ist, ist das ein guter Anfang.

Wie Sie jetzt wissen, verpflichtet sich der Verlag dazu, Ihr Buch in den Handel zu bringen. Dass man mit dieser Aufgabe nicht allein dasteht, kann für viele ein tragendes Argument für den klassischen Weg der Veröffentlichung sein. Andere sehen diesen als den Weg, ein „richtiger" Autor zu werden.

Aber wie Sie bereits wissen, sind Sie allein wegen eines vorliegenden Manuskripts schon ein „richtiger" Autor. Diese Unterscheidung ist ungefähr genauso wenig hilfreich, wie zu behaupten, man sei kein „wirklicher" Leser, weil man Comics statt Taschen- oder gebundenen Büchern liest. Oder es vorzieht, beim Aufräumen ein Buch zu hören. Am Ende des Buches oder Comics wissen Sie, was da drin steht? Dann haben Sie es gelesen!

Deshalb ist das Vorlesen für kleine Kinder so wichtig: Weil sie dadurch nicht nur ein Erlebnis haben, dass sie mit ihren Eltern verbindet, sondern weil sie so an den Inhalt der Geschichte herangeführt werden – und schließlich lesen sie es zunächst auch nicht selbst, sondern bekommen es vorgelesen. Kurzum: Es geht in solchen Fällen weniger um das Medium, auf das Ihre Wahl fällt.

Es geht mehr um den Inhalt und wie Sie ihn für sich am besten erfassen können. Auch dann, wenn Sie schon zu alt für Gute-Nacht-Geschichten sind. Schließlich haben Sie Ihre Gründe, warum Sie das eine dem anderen vorziehen oder lieber ein Genre lesen als das andere. Verstehen Sie, worauf ich hinauswill?

Um mal bei dem Beispiel mit dem Kind zu bleiben: Schenken Sie Ihrem jüngsten Familienmitglied *ES* von Stephen King oder lieber *Weißt du eigentlich wie lieb ich dich hab?* von Sam McBratney und Anita Jeram? Ersteres können Sie versuchen, aber weder wird das Kind verstehen, worum es geht, noch ist es für Ihren oder seinen Schlaf von

Vorteil, bei der Handlung einen mörderischen Clown zu illustrieren, der im Abwasserkanal auftaucht. Letzteres würde die Aufmerksamkeit des Kindes beanspruchen, weil es mit niedlichen Hasen illustriert ist und eine wundervolle Botschaft vermittelt.

Es ist eine Geschichte, die das Kind in das Vorlesen einbezieht, weil die Handlung zusätzlich illustriert ist. Und damit wären auch die Altersvorgaben bei Kinderbüchern erläutert.

Sie erinnern sich an den zweiten Punkt *Darstellung / Präsentation* im Kapitel *Ein Buch schreiben – nur Mut!* Ich wage zu behaupten: Die Präsentation des Inhalts ist genauso wichtig wie der Inhalt selbst. Das eine geht mit dem anderen Hand in Hand, beziehungsweise ist ein Zusammenspiel mit dem Ziel: Wirkung. Wirkung wird beim Buch vor allem durch die Haptik unterstützt: Wie fühlt sich das Cover an, wie das Papier der Seiten zwischen den Fingern? Daneben steht der Text; ist die Schrift zu klein für die Seite und strengt das Lesen die Augen an?

Wenn Sie je einmal müde Augen vom Lesen

hatten, kann das nämlich durchaus an der Größe oder Art der Schrift und dem fehlenden oder zu geringen Zeilenabstand liegen. Der Unterschied besteht in Serifen. Serifen bezeichnet der Duden als „kleiner, abschließender Querstrich am oberen oder unteren Ende von Buchstaben" wie in etwa bei der altbekannten Schrift Times New Roman.

Serifenlose Schriften wie Calibri haben diese abschließenden Querstriche nicht und könnten für Sie dadurch weniger anstrengend zu lesen sein. Angeblich ist dieser Unterschied auch der Grund, warum bei einer Lese-Rechtschreibschwäche Comic Sans viel leichter zu lesen ist. Hätten Sie jemals daran gedacht, auf so etwas zu achten, wenn Sie einen Text lesen?

Ausgenommen hiervon ist, wenn die Wahl von Schrift, Schriftgröße oder sogar Schreibfehlern in die Wirkung der Geschichte hineinspielen soll, indem sie Charakteren Tiefe gibt. Tahereh Mafis Protagonistin aus *Shatter Me,* Juliette Ferrars, schreibt Ihre Gedanken nieder, streicht Gedanken, die Sie nicht haben sollte, aber wieder durch. Durchgestrichener Text kann schwer zu lesen sein, aber in diesem Fall ist dieser Text sozusagen nicht für fremde Augen bestimmt. Aber durch diesen kleinen Unterschied bekommt der Leser einen Einblick in Juliettes Gedanken und lernt ihren Charakter besser kennen.

In Cecilia Aherns *Where Rainbows End,* verfilmt unter dem Titel *Love, Rosie – Für immer vielleicht,* macht der Protagonist Alex in seinen E-Mails immer – unbeabsichtigt – denselben Schreibfehler, indem er bei *I know* das K weglässt. Die Wirkung des Textes hängt also nicht nur von der Art und Weise ab, wie er gesetzt ist und gedruckt wurde, sondern zählt als ein wichtiger Teil des Gesamtpaketes Leseerlebnis.

Es muss nicht einmal der Fließtext sein, sondern kann an die Gattung des Briefromans erinnern, wie im Fall *Where Rainbows End,* in dem die Handlung anhand von Alex' und Rosies E-Mails erzählt wird. Daraus lässt sich ableiten, dass der Text nicht nur die Geschichte wiedergeben muss, sondern als Instrument Gefühle, Gedanken und Eigenheiten vermitteln kann.

Sehen Sie bei Ihrem nächsten Besuch in der

Buchhandlung genauer hin und nehmen Sie zum Beispiel ein Hardcover und dasselbe Buch als Taschenbuch noch einmal in die Hand. Nehmen Sie sich die Zeit, Unterschiede wahrzunehmen, und fühlen Sie Papier, Einband, sehen Sie sich die Schrift an und wägen Sie ab, wie das Gesamtbild auf Sie wirkt.

Wenn Sie sich anfangs ein wenig komisch vorkommen, denken Sie daran, dass es Menschen gibt, die das Buch aufschlagen, um an dem Papier zu riechen, und das nicht komisch finden. Es gibt Dinge, die erscheinen Bibliophilen – Buchliebhabern – als absolut verständlich, und dass Sie sich ein Buch gern genauer angucken würden, ist ein solches Ding.

Es gibt sogar die Bibliophagie: Dieser Begriff bezeichnet Menschen, die ein fertig gelesenes Buch Seite für Seite essen, weil sie glauben, sie können den Inhalt so besser verinnerlichen. Sollten Sie daran denken, das zu tun, bezahlen Sie das Buch vorher vielleicht. Nein, Spaß bei Seite: Essen Sie das Buch bitte nicht. Wenn Sie Papier essen wollen, ziehen Sie Esspapier in Betracht und ein professionelles Gespräch mit jemandem, der Ihnen helfen kann zu verstehen, warum Sie den Wunsch haben, Papier zu essen.

Wie Sie sehen, gibt es einige kleine Details, die in das Endprodukt Buch hineinfließen. Deshalb ist es gut zu wissen, dass der richtige Verlag sich darauf verstehen wird.

Zwischen den Zeilen – Der passende Partner für Ihre Geschichte

Ein einfaches Eintippen in die Suchleiste einer Suchmaschine reicht aus, um zu sehen, dass es eine große Anzahl deutschsprachiger Verlage gibt. Jeder dieser Verlage ist auf ein Genre spezialisiert. Grob gesagt, gibt es unter anderem Verlage für Kinder- und

Jugendbücher, für Romane – oder Belletristik – sowie Verlage für akademische Texte oder Musikverlage. Wikipedia listet zurzeit, also Dezember 2021, sogar die Einreichungskriterien für jeden Verlag in einer Tabelle auf! Wenn Sie in der Schule gesagt bekommen haben, dass Wikipedia keine zuverlässige Informationsquelle ist, dann fragen Sie sich – und seien Sie ehrlich –, wo Sie selbst als Erstes online nachschauen würden. Genau, Wikipedia. Selbst, wenn das nur dazu dient, sich die Nachweise anzusehen.

Bei all den Verlagen, die zur Auswahl stehen, ist es nicht gerade leicht, einen zu finden, der passt. Sowohl für Ihr Manuskript als auch für Sie, denn, wie bereits zuvor erwähnt, bauen Sie mit diesem Verlag bestenfalls auf eine langfristige Zusammenarbeit. Um die bestmögliche Zusammenarbeit zu ermöglichen, schreiben Sie vor der Suche eine Liste mit Kriterien, die Sie sich für diese wünschen.

Sehen Sie das als eine Art Vorbereitung an und schreiben Sie mögliche Fragen dazu, die Sie haben. Aber um realistisch zu bleiben, erwarten

Sie nicht, dass jede Frage beantwortet werden kann oder jedes Kriterium zutrifft. Diese Vorbereitung ist eher ein Leitfaden und Sie werden jedes Mal dazulernen.

Das ist jetzt der Moment, an dem ich Sie darum bitte, sich ein dickes Fell zuzulegen, denn es werden Absagen kommen. Wenn Sie Glück haben, nur eine, und wenn nicht, dann mehrere. Aber das heißt nicht, dass Ihre Arbeit umsonst war. Das heißt nicht, dass Ihr Buch es niemals in Ihre Lieblingsbuchhandlung schafft oder dass niemand es je lesen wird. Das heißt lediglich, dass der richtige Verlag für Ihr Buch noch nicht gefunden ist.

Auch, wenn das im ersten Moment nicht so aussieht – Verlage suchen nach neuem, gutem Stoff und der richtige Verlag wird sich freuen, Ihr Manuskript ins Programm aufgenommen zu haben. Vielleicht werden Sie einmal das Aushängeschild dieses Hauses und es wird einmal heißen „Originalverlag von …". Genau darum geht es: Sie müssen nicht von vornherein alles wissen, bevor Sie den richtigen Verlag finden, denn auch hier lernen Sie dazu, lernen, was ein Verlag will und was Sie wollen. Deshalb heitern Sie sich bei einer möglichen Absage damit auf, dass der richtige Verleger schon Ihren Weg kreuzen wird, wenn Sie Ihr Manuskript nicht nach der ersten Absage in die Schublade verbannen und nie wieder in Richtung dieser Schublade sehen.

Außerdem: Erinnern Sie sich an die vielen Autoren, die Sie im Laufe Ihres Lebens gelesen haben, und denken Sie daran, dass diese einmal in Ihrer Situation waren und sich gefragt haben, ob sich der Aufwand lohnt. Diese Autoren saßen mit Ihnen einmal im selben Boot. Auch sie haben gesucht und irgendwann einmal gefunden. In etwa, als gingen Sie von Vorstellungsgespräch zu Vorstellungsgespräch und die Zeit verstreicht, in der Sie sich Hoffnung machen, dass es vielleicht doch geklappt hat.

Irgendwann waren Sie bei dem richtigen Vorstellungsgespräch und haben den richtigen Eindruck gemacht. Wie bei Schrödingers Katze, die sowohl am Leben als auch tot sein könnte, solange diese Gegebenheit nicht genauer überprüft und mit Sicherheit definiert wird, kann ein Verlag auch Ihr Verlag werden, solange nicht das Gegenteil durch eine Absage bewiesen wird. Deswegen ist es wichtig, dass Sie es immer weiter versuchen, damit Sie, am Ziel angelangt, von sich behaupten können, dass Sie nicht aufgegeben haben.

Zwar ist das eine Entscheidung, die Sie immer wieder neu treffen müssen, je nachdem, wozu Sie sich an einem neuen Tag in der Lage fühlen, aber: Aufgeben wird Sie genauso begleiten wie einst Ihre Protagonisten. Können Sie sich vorstellen, eines Tages dazusitzen und sich zu denken „Hätte ich doch nur ..." und „Wäre da nicht ... gewesen, dann ...". Solche Gedanken können ganz schön gemein werden, wissen Sie?

Schreiben ist ein Handwerk, dass Sie genauso lernen müssen wie alles andere im Leben auch. Aber Sie können es nur lernen, indem Sie nicht aufhören zu üben. Und üben wiederum können Sie, indem Sie es in Ihren Alltag einbauen. Kreatives Schreiben lernen Sie tatsächlich nicht aus. Bis Sie Ihren eigenen Schreibstil gefunden haben, bedarf es einer Handvoll Versuche. Probieren und sortieren Sie für sich aus!

Wenn dieser Blickwinkel Sie nicht dazu motiviert, diese Hürde zu überwinden, versuchen Sie es so: Denken Sie an ein Buch, dass Ihnen überhaupt nicht gefallen hat – wirklich ein Buch, bei dem Sie sich bis heute fragen, wie in aller Welt es dieses auf den Buchmarkt geschafft hat – und nehmen Sie sich dieses als Beispiel. Sagen Sie sich: „Also, wenn dieses Buch es dorthin geschafft hat, wo ich mit meinem Buch hinwill, schaffe ich es erst recht.".

Wenn alle Stricke reißen, bleibt Trotz nämlich eine niemals versiegende Motivationsquelle. Manchmal reicht es nicht, positiv zu denken und sich immer wieder aufs Neue gut zuzureden, dann muss man einen anderen Weg finden und das ist auch in Ordnung.

Am Ende zählt, welche der beiden Optionen Sie dazu gebracht hat, weiterzuarbeiten und sich durch die Höhen und Tiefen des Schaffensprozesses zu beißen. Zeigen Sie Zähne, wenn es nötig ist – auch sich selbst, beziehungsweise dem guten, alten inneren Schweinehund. Behalten Sie Ihr Ziel

vor Augen! Sie können ruhig den Werdegang Ihres Lieblingsautors zur Motivation nehmen, aber
vergessen Sie dabei nicht, dass es diesen Schreibstil bereits auf dem Buchmarkt gibt und Sie durch
Ihren eigenen hervorstechen sollten. Sie sind nicht
„der nächste [X, Y]", sondern der erste Autor Ihres
Stils. Dieser Stil kann der Grund sein, warum ein
Verlag Sie ins Programm aufnimmt, verstehen
Sie?

Deshalb ist es wichtig, dass Sie Ihre Stimme
finden und durch regelmäßiges Üben verbessern.
Nicht perfektionieren, denn zu perfektionieren bedeutet zu vervollkommnen und Sie wissen bereits,
dass dies als Autor schwer zu erreichen ist. Ihr
Schreibstil wird sich mit Ihnen verändern, denn er
wird Sie durch Ihr Leben begleiten und mit Ihnen
wachsen. Die wenigsten Autoren schreiben so,
wie Sie sprechen, und das werden Sie sehen, sobald die erste Zeile geschrieben ist.

Ihre Protagonisten sind nicht Sie, sondern ein
Teil von Ihnen. Sie entstehen durch Erlebnisse, die
Sie gezeichnet haben, oder den Wunsch, auf eine
bestimmte Situation anders reagiert zu haben. Sie

geben Ihren Protagonisten möglicherweise Freiheiten, die Sie selbst zu einem bestimmten Zeitpunkt in Ihrem Leben vielleicht nicht gehabt haben. Das bedeutet im Fall von Thrillern und Krimis aber nicht, dass Sie die darin geschilderten Taten gutheißen.

In dem Parakosmos Ihrer Geschichte agieren Ihre Figuren, die eigene Gedanken und Vorstellungen haben. Genau dieser Parakosmos, genau diese Figuren können für einen Leser, der Ihnen völlig fremd ist, wichtig werden. Wie der Schreibprozess einmal Ihnen als Eskapismus gedient hat, so wird Ihre Geschichte auch für den zukünftigen Leser eine kleine Flucht aus der Realität werden.

Ein belletristischer Verlag baut größtenteils darauf, den Stoff für diese Realitätsflucht zu liefern. Für ihn ist das eine positive Rückmeldung für die Marketingabteilung. Und wenn diese positive Rückmeldung trotz vertraglich festgelegtem Bewerben ausbleibt, kann es sich der Verlag erlauben, die Buchpreisbindung aufzuheben oder das Buch zu verramschen. Ihr Buch verramscht zu sehen, wünsche ich Ihnen natürlich nicht – das wünsche ich niemandem –, aber auch diese Option hat der Verlag gewissermaßen als Absicherung für sich, denn ein Manuskript ins Programm aufzunehmen, beinhaltet ein Risiko und auch ein Verlagshaus kann sich, was Verkäufe angeht, einmal irren. Irren ist menschlich und in einem Verlag arbeiten nun mal Menschen.

Es ist weder schön für den Verlag noch für Sie als Autor, wenn das in einem *seltenen* Fall mal passieren sollte, deswegen fragen Sie bei Gelegenheit, was in einer solchen Situation passiert und was es – rein hypothetisch – für die Zusammenarbeit bedeuten würde. Seien Sie so gut es geht vorbereitet, damit Sie gut Bescheid wissen über das, was in Ihrem Verlagsvertrag steht.

Die Gestaltung des Covers

Nehmen Sie sich ein Buch mit einem schönen Cover aus Ihrem Regal und schlagen Sie es auf. Im Impressum finden Sie meist den Namen der Person, die das Cover gestaltet hat. Im Fall von englischsprachigen Büchern mit Schutzumschlag finden Sie diese Angaben möglicherweise in klein gedruckt ganz hinten unten. Grafikdesigner und Illustratoren wie diese werden dabei helfen, Ihrer Geschichte sozusagen ein Gesicht zu geben. Sie zeichnen auch die beliebten Landkarten, die häufig in Fantasy-Romanen zu finden sind. Ein Verlag kann auf eine Anzahl dieser Profis dafür zurückgreifen; deshalb kann es helfen, sich die Portfolios einiger Illustratoren / Grafikdesigner anzusehen und sich darüber Gedanken zu machen, wie das eigene Cover einmal aussehen kann. Oder einfach, um sich über den Stil des jeweiligen Illustrators /Grafikdesigners zu erkundigen, damit Sie gegebenenfalls wissen, von wem die Rede ist.

Je nach Genre gibt es einen bestimmten Typ Cover, der sich bewährt hat. Erinnern Sie sich noch an die Zeit nach Suzanne Collins' *The Hunger Games*? Darauf folgte eine regelrechte Welle der Dystopien im Bereich Kinder- und Jugendbuch und somit Cover, die zwar anders, aber ähnlich waren. Nehmen Sie Thriller als Beispiel, sehen Sie hauptsächlich dunkle Farben, vielleicht eine rostige Waffe oder eine Silhouette.

Bei Covern desselben Autors wird darauf geachtet, dass sie sich ähneln, um eine gewisse Einheitlichkeit zu schaffen; auch im Fall von

Einzelbänden. Irgendwann kann man den Autor bereits aus der Ferne im Regal erkennen – nur anhand des Covers. Für dieses Beispiel fallen mir die Bücher von Mhairi McFarlane ein. Oder der Verlag hat grundsätzlich ein einheitliches Layout für seine Cover, wie beispielsweise Diogenes. Auch Diogenes-Bücher können Sie anhand ihrer einfachen schwarz-weißen Gestaltung bereits aus der Ferne im Regal erkennen.

Im Bereich Selfpublishing sieht das hingegen ein wenig anders aus. Sie wissen, dass im Selfpublishing alles bereits Abgabe-fertig sein muss. Selbst die Gestaltung des Covers – wobei Sie darauf achten müssen, dass Sie dafür ein Bild verwenden, für das Sie die Rechte haben oder das gemeinfrei ist – liegt in Ihrer Hand. Zum Beispiel gibt NeoBooks die Maße und Auflösung für das (E-Book!) Cover genau an.

Wenn Sie einen Illustrator oder Grafikdesigner mit der Gestaltung dieses Covers beauftragen wollen, müssen Sie mindestens 200 € in Ihre Rechnung aufnehmen. Schauen Sie, ob er nicht bereits ein fertiggestelltes Cover im Portfolio hat, dass

Ihnen zusagt. Falls nicht, nehmen Sie Kontakt auf. Schließlich ist das meist unverbindlich, es sei denn, Sie lesen vorher etwas anderes.

Wenn es bei Ihnen zuerst das Selfpublishing und dann der Verlagsvertrag ist, kann es sogar sein, dass Ihr Buchcover für die neue Auflage im Verlag eine Neugestaltung bekommt, damit es besser ins Verlagsprogramm passt. Selfpublishing können Sie sich als Option bereithalten, wenn Sie das Gefühl haben, eine Absage zu viel für Ihr Manuskript bekommen zu haben, denn wie gesagt: Es gibt Autoren, die haben den Sprung in einen professionellen Verlag erst nach dem Selfpublishing geschafft. Mona Kasten veröffentlichte Ihre Schattentraum-Trilogie im Selfpublishing über NeoBooks – heute ist sie unter anderem im LYX Verlag und Autorin der Again-Reihe, zurzeit bestehend aus fünf Büchern. Oder Sie wagen den Sprung ins kalte Selfpublishing-Wasser direkt.

Manchmal kann man den professionellen Verlagen auch den Weg zu guten Inhalten deuten. Das Wichtigste ist, dass Sie auf dem richtigen Radar erscheinen und von sich reden machen. Um für sich eine endgültige Entscheidung zu treffen, können Sie auch die klassische Pro-Contra-Liste anlegen. Beide Veröffentlichungsformen haben Ihre Vorteile, auch was die Covergestaltung angeht. Nicht nur müssen Sie zur Veröffentlichungsform passen, sondern diese auch zu Ihnen. Deswegen lassen Sie sich die Zeit, die Sie brauchen, um eine Entscheidung zu treffen. Am Ende wird und sollte sich alles fügen. So oder so gibt es typografische Regeln, die auch für die Covergestaltung gelten:

1. Der Titel muss in Leserichtung stehen. „Natürlich", denken Sie sich jetzt, aber das ist aus einem bestimmten Grund so: Das Auge ist unterbewusst an eine bestimmte Leserichtung gewöhnt. Von links nach rechts beim Fließtext und von unten nach oben auf dem Buchrücken. Versuchen Sie, einen Text anders zu setzen und dann werden Sie erkennen, was ich meine. Oder stapeln Sie Ihre Bücher aufeinander, dann werden Sie sehen, dass beispielsweise deutschsprachige Bücher mit der Rückseite nach oben liegen und englischsprachige Bücher mit dem Cover nach oben.

2. Halten Sie die Schriftfarbe(n) einfach. Zu viele unterschiedliche und noch dazu grelle Farben strengen das Auge an. Ein einfaches Beispiel: Buchseiten sind nicht schneeweiß, weil die schwarze Tinte des Textes dann einen zu großen Kontrast bilden würde. Versuchen Sie es mal mit einem ganz dunklen Blau für Ihren Text, um den Kontrast zu verringern. Auch das Cover sollte Farben wieder aufgreifen, um nicht zu verwirren.

3. Machen Sie den Titel gut sichtbar. Verstecken Sie den Titel nicht in zu vielen Details oder in zu grellen Farben. Dieser steht schließlich im Mittelpunkt des Covers und sollte gut im Blick sein.

Viele dieser Regeln nimmt man gar nicht bewusst wahr. Man weiß nicht einmal, dass man unterbewusst an sie gewöhnt ist. Erst, wenn man genau hinsieht, versteht man vielleicht, warum eine Covergestaltung besonders gefällt. Umschlaggestaltungen können ein Buch auch ganz besonders in Szene setzen. Egal, ob zum Beispiel mit Wendecover oder gleich zwei Covern für jeweils einen der im Buch vorkommenden Protagonisten. Der Mainzer Verlag Hermann Schmidt gestaltete ein Kinderbuch, dessen Cover auf den ersten Blick ganz schwarz schien. Aber das Cover reagierte auf die Wärme der Hand, die sie hielt und enthüllte ein passend kindlich illustriertes Cover. Dieses Cover bedenkt auf diese Weise die Neugier kleiner Kinder, die ihre Umgebung kennenlernen, indem Sie alles in die Hand nehmen und fühlen. Diese Art von Umschlaggestaltung ist auf seine eigene Weise ein kleiner Blickfang.

Es gibt verschiedene Möglichkeiten, die Gestaltung eines Covers anzugehen. Dennoch sollte diese Gestaltung passen und den Inhalt des Buches so repräsentieren, dass alles am Ende stimmig ist.

Details wie ein Gold- oder Farbschnitt – so nennt man die farbliche Gestaltung des sichtbaren Papiers beim geschlossenen Buch – haben früher dazu gedient, den Schmutz vom Papier fernzuhalten, aber heute sorgen diese für ein zusätzliches i-Tüpfelchen bei der Gestaltung, indem sie es hochwertiger erscheinen lassen und auch das Cover in

Szene setzen.

Die Wahrheit ist, dass Sie diese Details noch vor dem Inhalt des Buches sehen. Eine weitere Wahrheit ist, dass Bücher zu kaufen auch nichts anderes ist, als Bücher zu sammeln. Und ein jeder Bücherwurm freut sich über ein besonders schönes Buch in seiner Sammlung, dass er im heimischen Bücherregal in Szene setzen kann. Deswegen schaden eventuelle Schmuck- oder Jubiläumsausgaben ein und desselben Buches nicht.

Diese Ausgaben sind selten dazu bestimmt, gelesen zu werden, da man den Inhalt in den meisten Fällen bereits kennt. Sie bringen besagtes Buch aber wieder ins Gespräch und sorgen vielleicht sogar dafür, neue Leser dazuzugewinnen.

Diese müssen sich nicht einmal besagte Schmuckausgabe zulegen, sondern haben die Auswahl in älteren und zuvor erschienen Ausgaben, Taschenbüchern oder sogar gebrauchten beziehungsweise Mängelexemplaren. Hieran erkennen Sie wieder, dass der Kauf für die Zahlen im Vordergrund steht und weniger, ob den Lesern ein Buch gefällt oder nicht. Bekanntlich liest man das

Buch erst, nachdem man es gekauft hat.

Die Veröffentlichung

In Zeiten sozialer Medien ist es einfach, sich vorzustellen, wie eine Veröffentlichung verlaufen könnte, besonders, wenn man den Lieblingsautor auf dem Schirm hat, der das Veröffentlichungsdatum oder ein Cover-Reveal verkündet. Soziale Medien geben Autoren ein Gesicht und sorgen dafür, dass der Kontakt mit der Leserschaft lange vor der Veröffentlichung des Buches steht. Autoren erscheinen so greifbarer. Aber auch dieser Kontakt ist mit dem Verlag geregelt und unterliegt bestimmten Richtlinien. Das ist zum Beispiel auch der Grund, warum Autoren es ablehnen, die Fanfiction zu lesen, die ein Leser mit den Original-Charakteren dieses Autors verfasst hat. Übrigens ist Fanfiction eine legale Grauzone, da man eigentlich bereits existierende Charaktere, die rechtlich gesehen nicht die eigenen sind, in eine selbst ausgedachte und neue Umgebung setzt.

Noch ein Grund, warum man es vermeiden sollte, die Autoren in einer Privatnachricht auf Instagram nach Details zur nächsten Veröffentlichung zu fragen, ist folgender: Solche Fragen werden öffentlich in Interviews oder sogenannten QAs – kurz für Questions and Answers – beantwortet und auch nicht im Detail, um die Spannung aufrechtzuerhalten. Es ist kaum von Vorteil, den Inhalt eines Buches in die Welt hinauszuschreien, wenn das Ziel der Verkauf ebendieses Buches ist.

Im Gegensatz zur vorherrschenden Meinung sind Bestseller-Listen ein weiteres Instrument für den Verkauf. Wenn Sie sich jemals gefragt haben, wie ein Buch auf der Bestseller-Liste gelandet ist,

wissen Sie jetzt, dass es vorrangig aus Marketing-
gründen geschah. Das Leseerlebnis ist immer sub-
jektiv. Für jeden Leser sehen die Figuren anders
aus, jeder Leser stellt sich eine Szene anders vor.
Denken Sie nur mal an die Besetzung Ihrer Lieb-
lingsbuchverfilmung und vergleichen Sie diese
Besetzung mit den Beschreibungen der Protagonisten in den Büchern, auf denen diese Verfilmung
basiert.

Deshalb kann ein Verlag mangels propheti-
scher Fähigkeiten nicht vorhersagen, wie der Inhalt des Buches aufgenommen werden wird, aber
er kann das Buch so gut wie möglich vermarkten,
schließlich ist es auch die Aufgabe eines Verlages
und, wie Sie bereits wissen, im Verlagsvertrag
festgelegt.

Der Verlag sorgt auch dafür, dass die Buchhandlungen über diese Veröffentlichung Bescheid
wissen. Sie müssen also nicht mit einem vollen
Karton Ihrer Bücher dorthin und diese selbst ein-
sortieren. Buchhandlungen haben Listen und
Buchhandlungen werden durch den sogenannten
Zwischenbuchhandel regelmäßig beliefert, sonst

wäre das Geschäft in kürzester Zeit leer. Der Zwischenbuchhandel bezeichnet im Großen und Ganzen die einzelnen Glieder der Lieferkette für Ihre Buchhandlung. Dank des Zwischenbuchhandels können Sie ein Buch einfach bestellen und müssen kaum darauf warten. In den meisten Fällen sogar nur einen Tag, wenn unter dem Titel „sofort lieferbar" steht.

Um sich gleich mehrere Optionen als Einnahmequelle zu sichern, wird das E-Book meist parallel zur gedruckten Ausgabe veröffentlicht. Sie haben also die Qual der Wahl.

Auch hier sieht es mit dem Selfpublishing anders aus. Da das Selfpublishing meist online vonstattengeht, ist der Online-Versand Ihr Hauptabnehmer. Allein Amazon hat unzählige E-Books, wie Sie sicher wissen. Diese E-Books kosten meist nur wenige Euros, manchmal auch nur einige Cent, weil die Druckkosten für eine Printausgabe wegfallen. Es sei denn, die Verkäufe für Ihr Buch brechen durch die Decke, bekommen Sie also wenig zusammen, da ein Selfpublishing-Unternehmen den Großteil beanspruchen würde. E-Books sind aufgrund Ihres Formats aber schneller zu bekommen, schließlich müssen Sie nur eine Datei herunterladen, die mit dem entsprechenden Gerät gelesen werden kann. Außerdem haben Sie die Option, die Schrift des Buches oder sogar die Farbe der Seite anzupassen.

Ebenso reißt ein E-Book ein nicht so großes Loch in die Finanzen wie ein Hardcover für 25 €. Auch als Lesestoff für den Urlaub sind E-Books eine platzsparende Möglichkeit, um genug interessante Inhalte mitzunehmen und gleichzeitig den Platz im Koffer anders zu nutzen. Häufig werden E-Books als Gegensatz zu gebundenen Büchern genannt, weil ihnen die Haptik fehlt, die mit einem physischen Buch einhergeht, aber: Wie schon zuvor zur Leser-Frage im Kapitel *Was kommt danach? Ein Blick hinter die Kulissen* gesagt, hängt es nicht vom Format ab, wie Sie den Inhalt aufnehmen.

Natürlich sind Buchmessen einer der wichtigsten Orte für die Vermarktung von Büchern. Das klingt jetzt ein wenig offensichtlich, denn schließlich sind es Buchmessen. Aber diese

Messen dienen Verlagen dazu, Kontakte zu knüp-
fen und mit ihrer Präsenz Einblicke in ihre Arbeit
zu vermitteln. Bei all den hergerichteten Messe-
ständen bietet eine Buchmesse die Möglichkeit,
die kommenden Trends bereits vorab mit eigenen
Augen zu sehen.

Wenn die Buchmesse gegen Ende für Besu-
cher geöffnet ist, können Sie Ihre Lieblingsautoren
treffen und Bücher sogar schon vor Ort erwerben.
Neben den sozialen Medien sind solche Auftritte
Teil des Autorenlebens und – Sie ahnen es – verbinden den Autor mit seiner Leserschaft.

Wenn Sie sich also eines Tages auf einer solchen Buchmesse als Autor wiederfinden, vergessen Sie nicht: Die Menschen, die Sie um ein Autogramm bitten, sind genauso nervös wie Sie. Ihre
Leserschaft hat ein bestimmtes Bild von Ihnen. Sie
als Autor sind nicht in der Pflicht, diesem Bild zu
entsprechen, aber es wäre ein Vorteil für Sie und
Ihre Karriere, wenn dieses Bild ein positives Bild
bleibt, denn auch Sie als Mensch stehen im Mittelpunkt und als Person der Öffentlichkeit ist der
Maßstab für Sie nun einmal höher angesetzt als

für andere. Sie sind in gewisser Weise in einer Vorbildfunktion und können diese als Plattform nutzen, weil Sie aus den genannten Gründen eine größere Reichweite haben.

Selbst, wenn Sie nicht so im Rampenlicht stehen wie andere Prominente der heutigen Zeit und vielleicht seltener erkannt werden, wenn Sie sich beim Bäcker einen Kaffee holen; Ihre Leserschaft lernt Sie praktisch durch Ihr veröffentlichtes, geistiges Eigentum kennen – sozusagen einen Teil Ihrer Gedankenwelt, noch bevor sie Ihnen Ihr Gesicht zuordnen kann. Und wer weiß, vielleicht sind Sie auf einer Buchmesse einmal jemandem begegnet, der Ihnen nacheifern will?

Jemandem, der jetzt Ihr Buch zu Hause im Regal stehen hat und hofft, einmal sein eigenes Buch in den Händen halten zu dürfen. Der am selben Punkt steht wie Sie einmal und sich von Ihrem Werdegang inspirieren lässt. Sie verstehen, worauf ich hinauswill, wenn ich von einer Vorbildfunktion spreche. Sind Sie an diesem Punkt angelangt, werden Sie sehen, dass die größte Hürde war, ein Manuskript fertigzustellen. All das fängt mit einer Idee an, die es nur auf Papier schaffen muss, wissen Sie? Wenn Sie einem Leser ein Autogramm geben, denken Sie an die Höhen und Tiefen zurück, die Sie während des Schreibens durchlebt haben.

Die vielen Male, die Sie sich gefragt haben, ob dieses Buch fertigzustellen überhaupt etwas bringt. Die Schreibblockaden, die Sie überwunden haben, weil der Wunsch, diese Geschichte zu erzählen, größer war als die Verlockung, sie in die Tiefen der nächsten Schublade zu verbannen.

Alle diese Emotionen gehören zum Schreibprozess dazu, denn wenn man sein Innerstes nach außen kehrt und den Mut fasst, das Produkt dieser Arbeit mit einer Welt zu teilen, die sich heutzutage manchmal ein wenig zu schnell drehen kann, kann man nicht anders, als diese Gefühle durchzumachen. Und jedes einzelne dieser Gefühle ist in Ordnung, solange man sich am Ende immer wieder dazu entscheidet, weiterzumachen.

Autor – und jetzt?

G ute Frage. Nach der Veröffentlichung des ersten Buches kommt sie – wie in anderen Momenten des Lebens auch – oft. Das ist der Punkt, an dem ich Ihnen gestehen kann, dass Bücher zu schreiben ein endloser Kreislauf ist.

Dieser Kreislauf beginnt bekanntlich mit einer Idee und endet mit einem veröffentlichten Buch. Ist dieser Kreislauf beendet, beginnt der nächste mit einer neuen Idee; was einfach ist, wenn Sie mehrere haben. Den (metaphorischen!) Fuß in die

Tür eines Verlages zu kriegen, ist meist der schwierigste Teil und diesen schwierigsten Teil haben Sie mit Ihrem ersten Buch immerhin bereits geschafft.

Nun haben Sie ein wenig mehr Freiheiten, was Schreiben anbetrifft, denn Ihr Grundstein ist mit der ersten Veröffentlichung gegeben. Danach sollte es Ihnen leichter fallen, das nächste Buch zu schreiben, weil Ihnen der Prozessverlauf bekannt ist. Und wenn dem nicht so ist, kennen Sie wenigstens den Prozessverlauf und wissen, wann die Höhen und wann die Tiefen kommen werden. Sie werden diesmal vorbereitet sein. Ein großes Problem des Schreibprozesses ist häufig die Ungewissheit vor dem, was kommt, ob es ein Erfolg wird oder nicht.

Ich hoffe, dieser Ratgeber hat Ihnen ein wenig dieser Ungewissheit genommen oder diese wenigstens in Relation gesetzt, auch wenn ich mich hier hauptsächlich auf den deutschen und englischsprachigen Buchmarkt bezogen habe. Den Unterschied zwischen diesen und weiteren internationalen Buchmärkten können Sie ergründen, indem Sie sich beispielsweise Cover einer bestimmten Übersetzung ansehen. Jedes Land hat eigene Trends, die auch an den Büchern erkennbar sind. Es ist durchaus interessant zu sehen, welche Cover-Trends sich bei denselben Büchern in verschiedenen Ländern erkennen lassen.

Die Welt der Bücher ist groß und weit, weil sich für jeden Leser ein Buch finden lässt und umgekehrt. Es heißt, wenn man ein bestimmtes Buch sucht, dieses aber nicht finden kann oder das gefundene nicht den eigenen Vorstellungen entspricht, dann sollte man ein Buch schreiben, das es tut.

Welche bessere Motivation gibt es, eine neue Geschichte in die Welt zu setzen? Vielleicht ist es genau diese Geschichte, die der nächste Leser mit einem ähnlichen Problem sucht? Sie sehen, Ihnen stehen alle Möglichkeiten offen und es ist gut zu wissen, dass man nicht mit dem Schreiben aufhören kann, wenn man einmal angefangen hat. Vielleicht hätte ich das ganz am Anfang erwähnen sollen? Könnte sein, dass es ein wenig gemein von mir war, Sie in diesen Endloskreislauf zu motivieren, aber sehen Sie es mir nach. Gegebenenfalls verfolge ich damit nämlich meine eigenen Ziele. Wer braucht nicht regelmäßig neuen Lesestoff? Sie könnten mein literarischer Tapetenwechsel sein!

Bekanntlich wird dem Buch bis heute ein unumstößlicher Wahrheitsgehalt beigemessen. Es ist die Quelle unerschöpflichen Wissens, seit Mönche in Klöstern Texte im Kerzenlicht abgeschrieben haben. Nun, ich bin kein Mönch in einem Kloster, aber ich hoffe dennoch, dass Sie hin und wieder mal auf diesen Ratgeber zurückgreifen. Selbst wenn es nur ist, um sich ein wenig gut zuzureden, wenn es mal mehr Tiefen als Höhen beim Schreibprozess gibt. Es ist mir wichtig, dass Sie sich zum Schluss Folgendes mitnehmen: Ein Buch zu schreiben, erfordert einiges an Durchhaltevermögen. Dieses haben Sie auch dann, wenn Sie kreative Pausen zwischendurch einlegen.

Wie schnell Sie ein Buch schreiben und wie viele Seiten es aufweist, ist nicht so wichtig wie das, was am Ende darin steht. Wenn die Geschichte erzählt ist, so ist sie erzählt und Sie

können die nächste beginnen. Die Anzahl der Seiten hat nichts über die Arbeit auszusagen, die Sie
in das Buch gesteckt haben, auch wenn es auf den
ersten Blick vielleicht anders aussehen mag. Der
Buchmarkt sieht am Ende nur das fertige Produkt
und nicht, was nötig war, um das Produkt überhaupt fertigzustellen.

Sollten Sie sich einmal unsicher sein und nicht
weiterwissen, gibt es bestimmt Menschen in Ihrem Umfeld, die Sie um Rat oder einfach um ein
offenes Ohr bitten können. Manchmal reicht es
aus, sich Dinge von der Seele zu reden, denn Sie
sind nicht allein auf dieser Welt – auch beim
Schreiben nicht.

Denken Sie daran, dass Sie es selten allen
recht machen können. Es wird Leser geben, denen
Ihr Buch nicht gefällt, und das ist in Ordnung so.
Auf dieser Welt leben mehrere Milliarden Men-
schen und alle diese haben verschiedene Ge-
schmäcker. Solange Sie einen ausschlaggebenden
Teil dieser Geschmäcker getroffen haben, können
Sie diese Last getrost von Ihren Schultern nehmen.

Herstellung und Verlag:
BoD – Books on Demand, Norderstedt
ISBN: 9783752605976

Kontakt: Psiana eCom UG/ Berumer Str. 44/ 26844 Jemgum
Covergestaltung: Fenna Larsson
Coverfoto: depositphotos.com